Impressum
Verlag: BABADADA GmbH, Nedderfeld 112 , 22529 Hamburg
Geschäftsführer / Verlagsleitung: Harald Hof
Druck: Books on Demand GmbH, In de Tarpen 42, 22848 Norderstedt

Imprint
Publisher: BABADADA GmbH, Nedderfeld 112 , 22529 Hamburg, Germany
Managing Director / Publishing direction: Harald Hof
Print: Books on Demand GmbH, In de Tarpen 42, 22848 Norderstedt, Germany

школа

мактаб

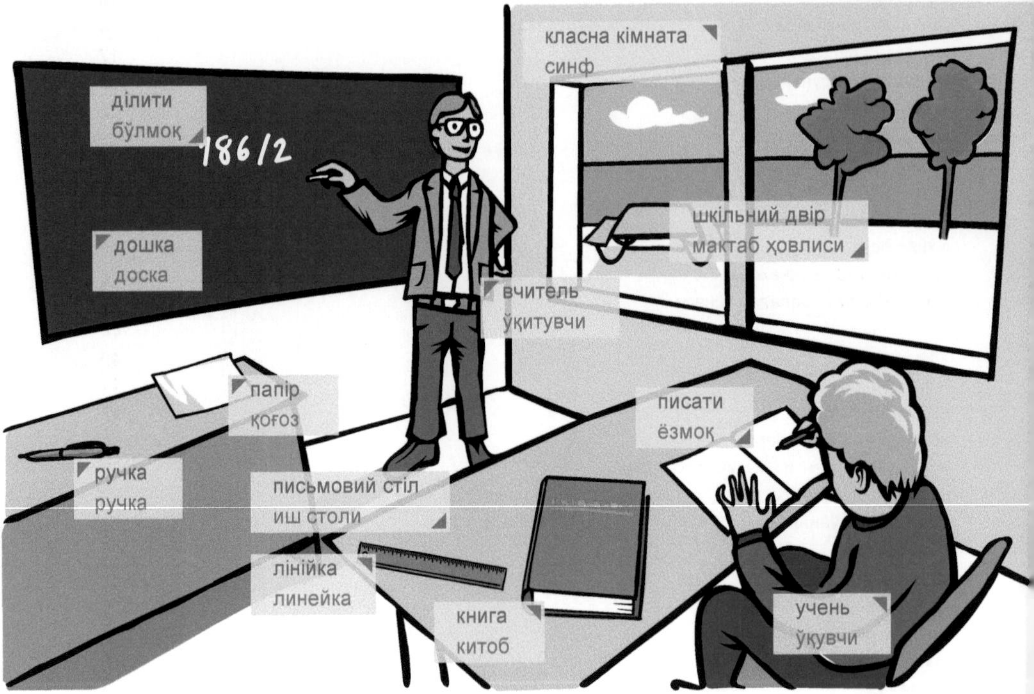
класна кімната
синф
ділити
бўлмоқ
186/2
дошка
доска
вчитель
ўқитувчи
шкільний двір
мактаб ҳовлиси
папір
қоғоз
писати
ёзмоқ
ручка
ручка
письмовий стіл
иш столи
лінійка
линейка
книга
китоб
учень
ўқувчи

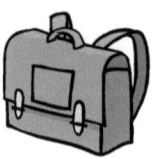

ранець

осма сумка

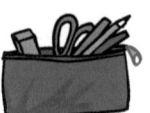

пенал

қаламдон

олівець

қалам

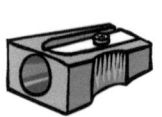

точило

қалам учлагич

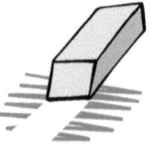

гумка

ўчиргич

альбом для малювання

расм албоми

малюнок

чизмачилик

пензель

бўёқ чўтка

коробка фарб

бўёқдон

ножиці

қайчи

клей

елим

зошит

машғулот дафтари

домашнє завдання

уй иши

число

рақам

додавати

қўшмоқ

віднімати

айирмоқ

множити

кўпайтирмоқ

рахувати

ҳисобламоқ

література

хат

абетка

алифбо

слово

сўз

текст

матн

читати

ўқимоқ

крейда

бўр

година

дарс

класний журнал

журнал

екзамен

имтиҳон

диплом

гувоҳнома

шкільна форма

мактаб формаси

освіта

таълим

лексикон

қомус

університет

олийгоҳ

мікроскоп

микроскоп

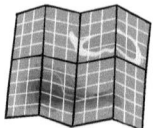

карта

харита

кошик для паперу

урна

подорож

саёхат

готель
меҳмонхона
Grand
турбаза
сайёҳлар ётоқхонаси
обмінний пункт
пул айирбошлаш шаҳобчаси
валіза
чемодан
автомобіль
машина

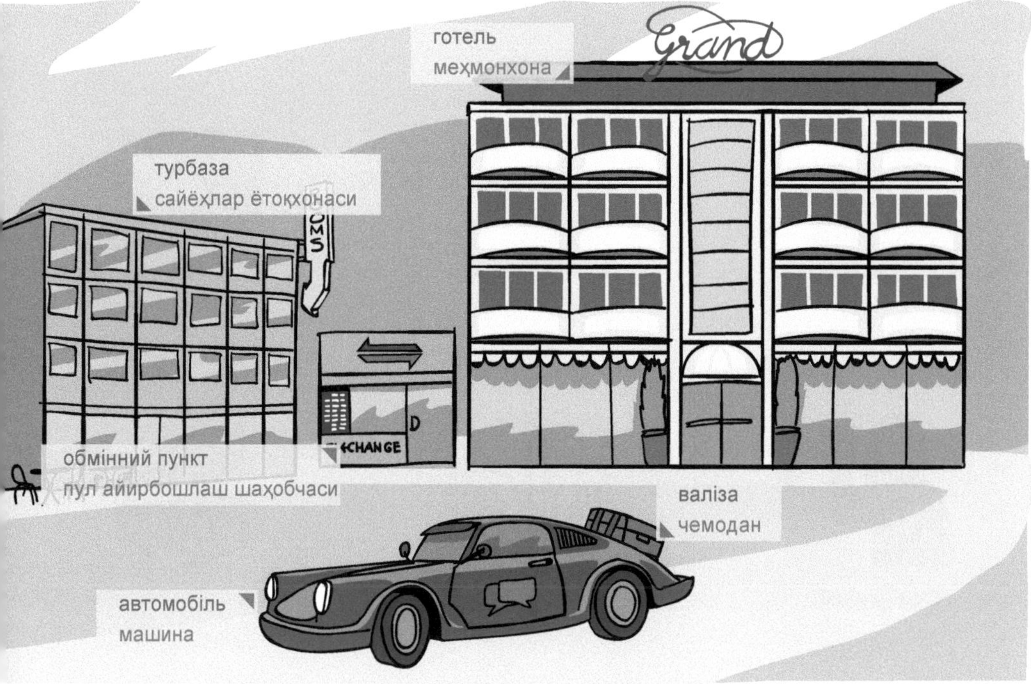

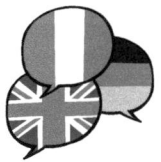

мова

тил

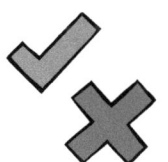

так / ні

ҳа / йўқ

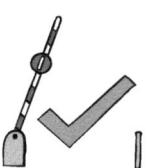

добре

Хўп

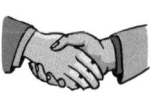

привіт

салом

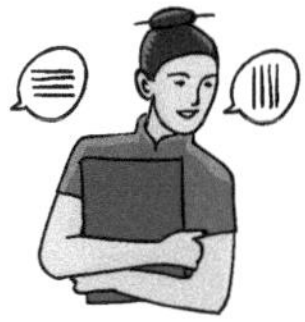

перекладач

таржимон

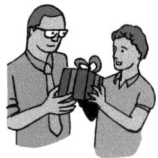

дякую

Раҳмат

Скільки коштує …?

неча пул...?

Я не розумію

Тушунмадим

проблема

муаммо

Добрий вечір!

Хайрли кеч!

Доброго ранку!

Хайрли тонг!

На добраніч!

Хайрли тун!

До побачення

кўришгунча

напрямок

йўналиш

багаж

йўловчи юки

сумка

сафархалта

рюкзак

юк халта

гість

меҳмон

кімната

хона

спальний мішок

уйқуқоп

намет

чодир

туристична інформація

саёҳларга маълумот бериш столи

пляж

пляж

кредитна картка

омонат карта

сніданок

нонушта

обід

нонушта

вечеря

кечки овқат

квиток

чипта

ліфт

лифт

поштова марка

марка

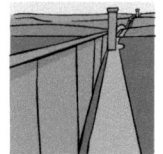

межа

чегара

митниця

божхона

посольство

элчихона

віза

виза

паспорт

паспорт

транспорт

транспорт

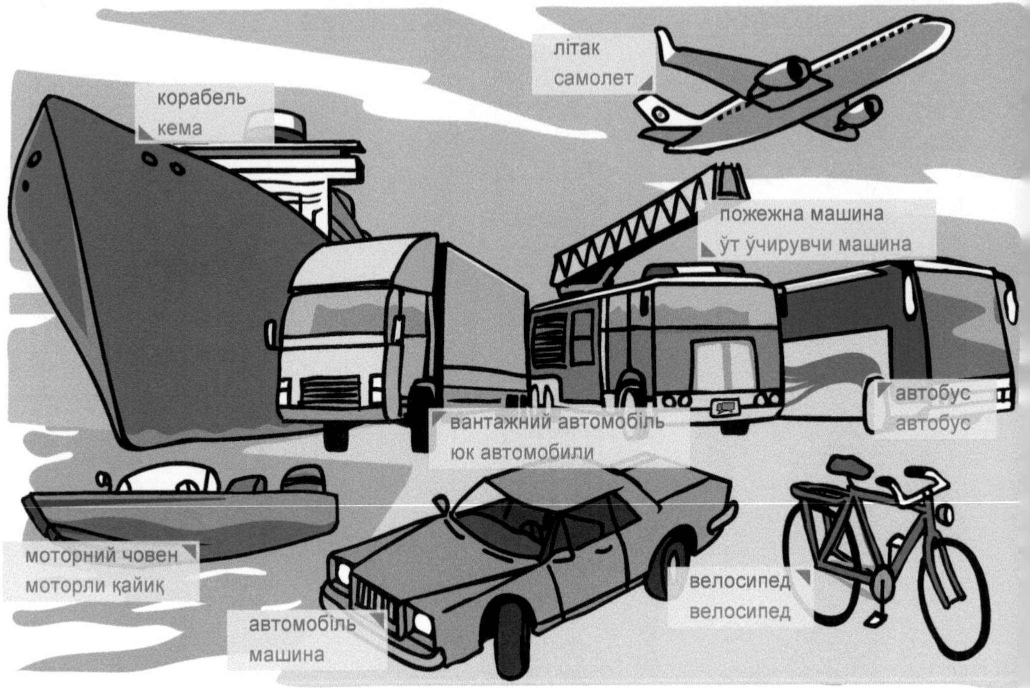

літак
самолет
корабель
кема
пожежна машина
ўт ўчирувчи машина
автобус
автобус
вантажний автомобіль
юк автомобили
моторний човен
моторли қайиқ
велосипед
велосипед
автомобіль
машина

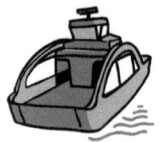

пором

солсимон ясси кема

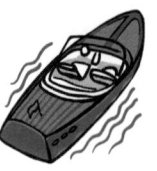

човен

қайиқ

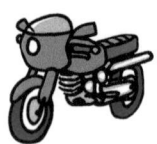

мотоцикл

мотоцикл

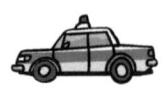

поліцейська машина

посбон машинаси

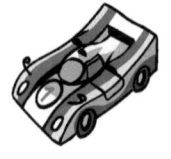

гоночний автомобіль

пойга машинаси

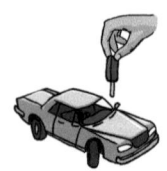

автомобіль на прокат

ижарага олинган автоулов

спільне користування авто

автоижара

евакуатор

шатакка олувчи юк
автомобили

сміттєвоз

ахлат машинаси

двигун

мотор

паливо

ёқилғи

автозаправна станція

ёқилғи қуйиш шаҳобчаси

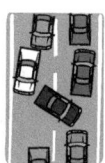

дорожній знак

йўл белгиси

рух

йўл ҳаракати

затор

тирбанд

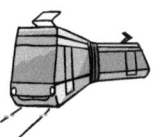

стоянка

автомобил тўхтаб туриш
жойи

вокзал

поезд бекати

рейки

рельс

потяг

поезд

трамвай

трамвай

вагон

вагон

гелікоптер

вертолёт

аеропорт

аэропорт

вежа

минора

пасажир

йўловчи

контейнер

контейнер

коробка

қоғоз қути

візок

аравача

кошик

сават

стартувати / приземлятися

учмоқ / қўнмоқ

місто

шаҳар

село

қишлоқ

центр міста

шаҳар маркази

дім

уй

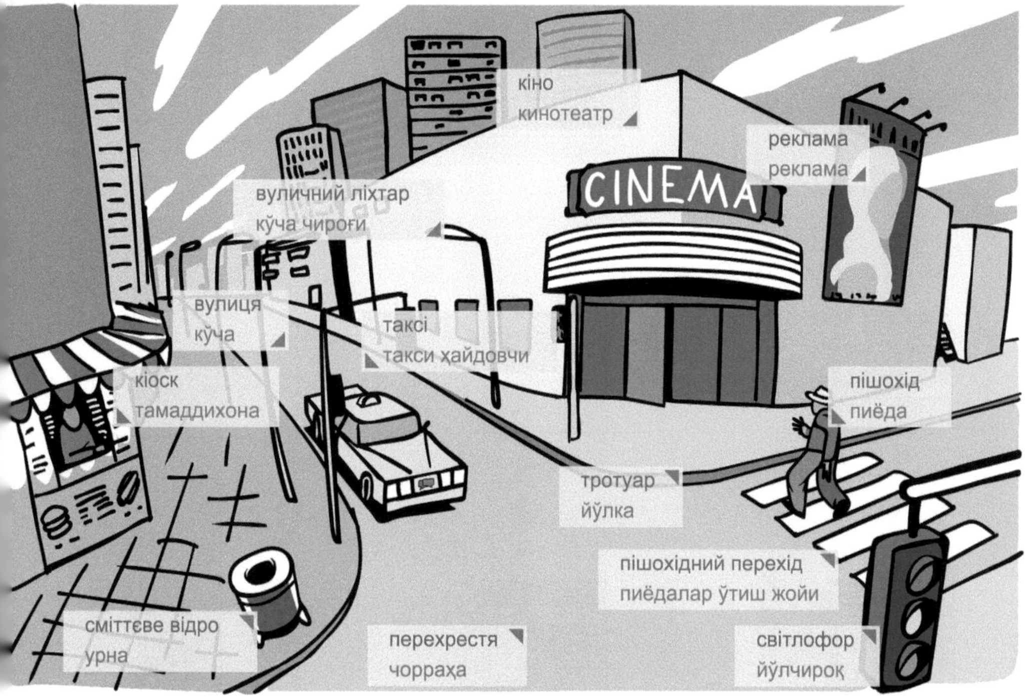
кіно
кинотеатр
CINEMA
реклама
реклама
вуличний ліхтар
кўча чироғи
вулиця
кўча
таксі
такси ҳайдовчи
кіоск
тамаддихона
пішохід
пиёда
тротуар
йўлка
пішохідний перехід
пиёдалар ўтиш жойи
сміттєве відро
урна
перехрестя
чорраҳа
світлофор
йўлчироқ

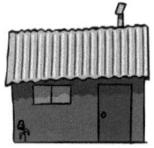

хатина

кулба

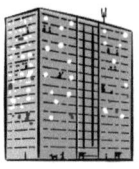

квартира

квартира

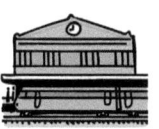

вокзал

поезд бекати

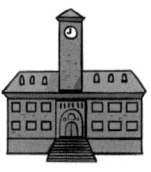

ратуша

маҳаллий ҳокимият биноси

MUSEUM

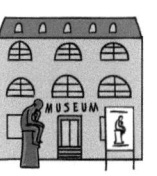

музей

музей

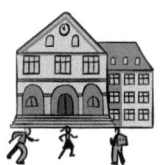

школа

мактаб

університет

олийгоҳ

банк

банк

лікарня

шифохона

готель

меҳмонхона

аптека

дорихона

офіс

идора

книжковий магазин

китоб дўкони

магазин

дўкон

квітковий магазин

гул дўкони

супермаркет

супермаркет

ринок

бозор

універмаг

универмаг

торговець рибою

балиқ дўкони

торговельний центр

савдо маркази

гавань

бандаргоҳ

парк
истироҳат боғи

лава
банк

міст
кўприк

сходи
зинапоя

метро
метро

тунель
ер ости йўли

автобусна зупинка
автобус бекати

бар
бар

ресторан
ресторан

поштова скринька
почта қутиси

вулична табличка
кўча ёзув осма тахтаси

лічильник паркування
тўхтаб туриш вақтини
ҳисоблагич

зоопарк
ҳайвонот боғи

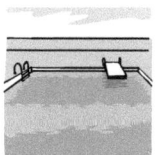

басейн
бассейн

мечеть
масжид

ферма

чорвачилик хўжалиги

забруднення навколишнього середовища

атроф-муҳит ифлосланиши

кладовище

қабристон

церква

ибодатхона

дитячий майданчик

болалар ўйингоҳи

храм

эҳром

ландшафт

манзара

листок
япроқ

вказівний стовп
йўлкўрсатгич

шлях
йўл

луг
ўтлоқ

камінь
тош

дерево
дарахт

мандрівник
пиёда сайёҳ

річка
дарё

трава
майса

квітка
гул

долина

водий

гора

қир

озеро

кўл

ліс

ўрмон

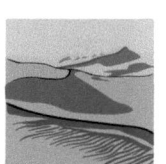

пустеля

чўл

вулкан

вулкан

замок

қалъа

веселка

камалак

гриб

кўзиқорин

пальма

пальма дарахти

комар

пашша

муха

чивин

мурашка

чумоли

бджола

асалари

павук

ўргимчак

жук

....

қўнғиз

жаба

....

қурбақа

вивірка

....

олмахон

їжак

....

типратикон

заєць

....

қуён

сова

....

укки

птах

....

қуш

лебідь

....

оққуш

кабан

....

эркак чўчқа

олень

....

буғу

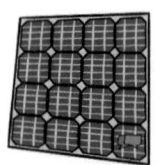

лось

....

бутоқ шоҳли кийик

гребля

....

тўғон

вітряк

....

шамол генератори

сонячний модуль

....

қуёш батареяси

клімат

....

иқлим

ландшафт - манзара

ресторан

ресторан

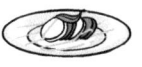

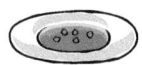

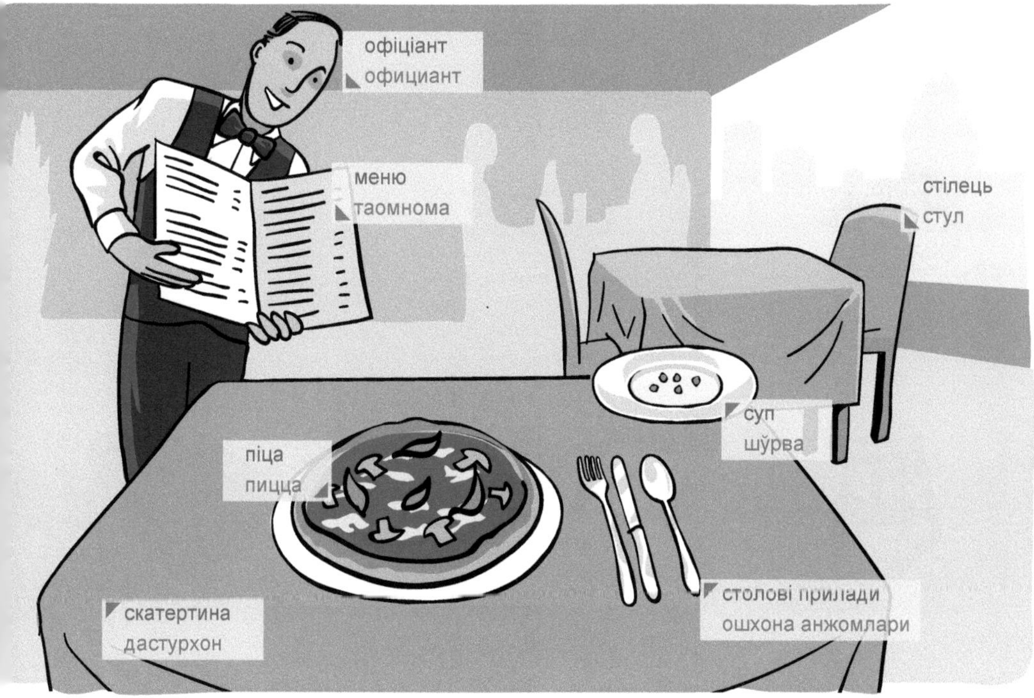
офіціант
официант
меню
таомнома
стілець
стул
суп
шўрва
піца
пицца
столові прилади
ошхона анжомлари
скатертина
дастурхон

закуска

газак

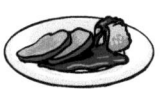

друга страва

асосий таом

десерт

десерт

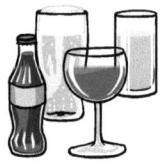

напої

ичимликлар

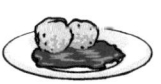

їжа

таом

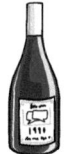

пляшка

бутилка

фаст-фуд

тез пишар таом

вулична їжа

кўча таоми

чайник

чойнак

цукорниця

шакардон

порція

порция

еспресо-машина

эспрессо кофе машинаси

високий стільчик

болалар курсичаси

рахунок

ҳисоб

піднос

лаган

ніж

пичоқ

вилка

санчқи

ложка

қошиқ

чайна ложка

чой қошиқ

серветка

кўл сочиқ

склянка

стакан

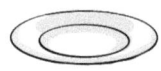

тарілка

ликоп

тарілка для супу

шӯрва коса

блюдце

тақсимча

соус

қайла

солонка

туздон

млин для перцю

қалампир янчгич

оцет

сирка

масло

ёғ

спеції

зираворлар

кетчуп

кетчуп

гірчиця

хантал

майонез

майонез

супермаркет

супермаркет

пропозиція
чегирма
FOR
клієнт
мижоз
молочні продукти
сут маҳсулотлари
фрукти
мева
візок для покупок
харид араваси

BUTCHERS

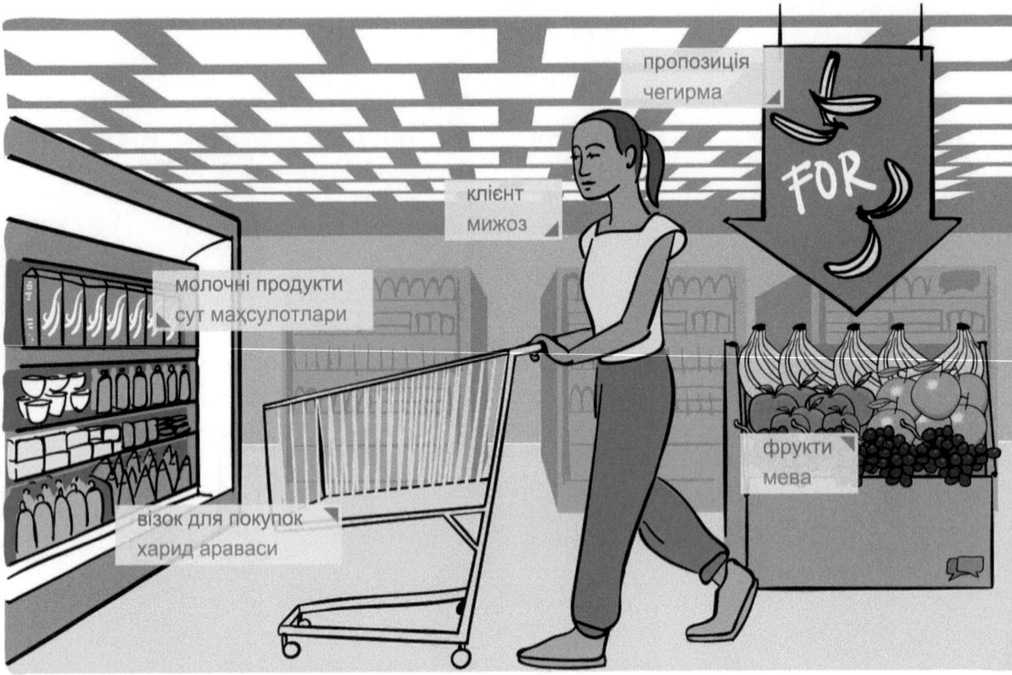

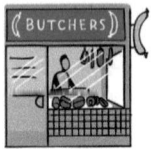

м'ясний магазин

қассобхона

BAKERY

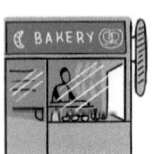

пекарня

нонвойхона

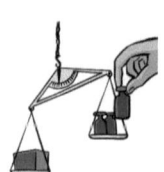

зважувати

тарозида ўлчамоқ

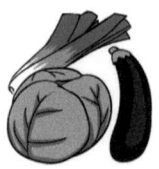

овочі

сабзавот

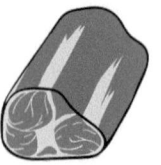

м'ясо

гўшт

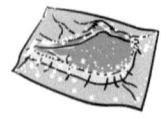

заморожені продукти

музлатилган таомлар

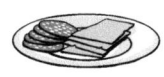

ковбасна нарізка

яхна ґӯшт

консерви

консерва

пральний порошок

кир ювиш воситаси

солодощі

ширинликлар

предмети домашнього побуту

кундалик истеъмол моллар

мийний засіб

ювиш воситалари

продавщиця

сотувчи

каса

касса аппарати

касир

ғазначи

список покупок

харид рӯйхати

часи роботи

иш вақти

гаманець

ҳамён

кредитна картка

омонат карта

сумка

халта

поліетиленовий пакет

целлофан халта

вода

сув

сік

шарбат

молоко

сут

кола

кока-кола

вино

вино

пиво

пиво

алкоголь

спиртли ичимлик

какао

какао

чай

чой

кава

кофе

еспресо

эспрессо

капучіно

капучино

банан

банан

яблуко

олмахон

апельсин

апельсин

кавун

қовун

лимон

лимон

морква

сабзи

часник

саримсоқ

бамбук

бамбук

цибуля

пиёз

гриб

қўзиқорин

горішки

ёнғоқ

локшина

лағмон

спагеті

спагетти

рис

гуруч

салат

салат

картопля фрі

картошка-фри

смажена картопля

қовурилган картошка

піца

пицца

гамбургер

гамбургер

бутерброд

сэндвич

шніцель

тўқмоқланган тўш қиймаси

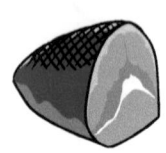

шинка

дудланган чўчқа гўшти

салямі

салями колбасаси

ковбаса

сосиска

курка

товуқ гўшти

печеня

қовурилган

риба

балиқ

вівсяні пластівці

сули бӯтқаси

мюслі

мюсли

кукурудзяні пластівці

маккажӯхори ёрмаси

борошно

ун

круасан

француз булочкаси

булочка

булочка

хліб

нон

тостовий хліб

қизартирилган нон бӯлаги

печиво

пиширик

масло

сариёғ

сир

творог

пиріг

пирог

яйце

тухум

яєчня

қовурилган тухум

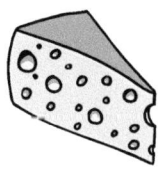

сир

пишлоқ

морозиво

музқаймоқ

цукор

шакар

мед

асал

мармелад

мураббо

нуга-крем

шоколад пастаси

карі

зарчава

ферма

чорвачилик хўжалиги

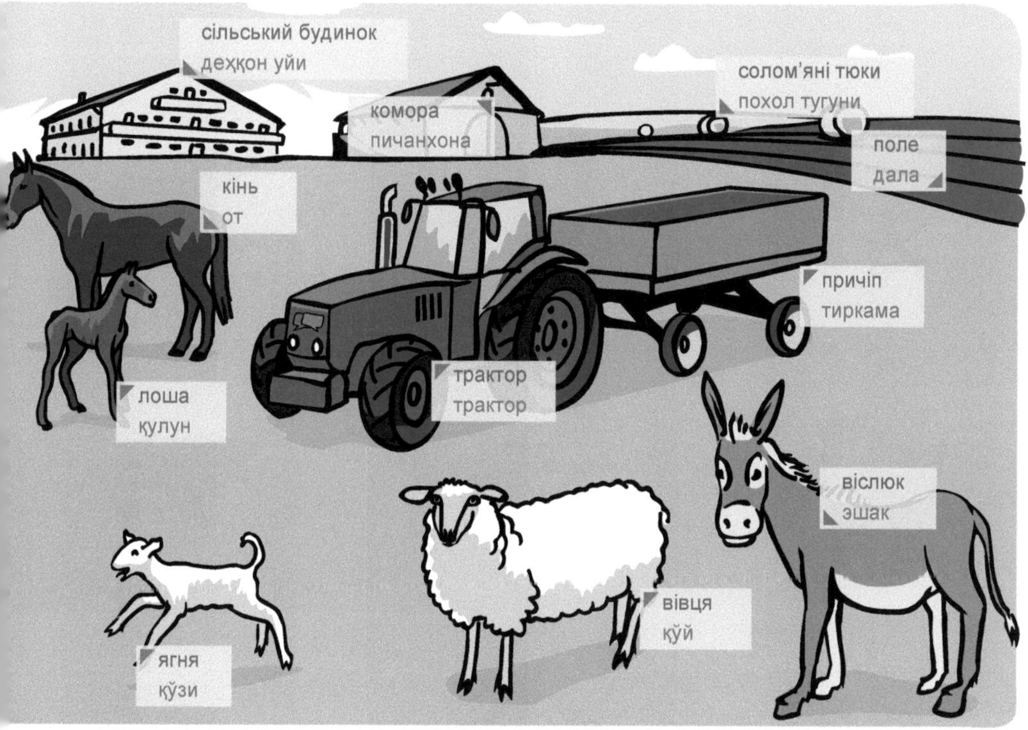

сільський будинок
деҳқон уйи
комора
пичанхона
солом'яні тюки
похол тугуни
поле
дала
кінь
от
причіп
тиркама
лоша
қулун
трактор
трактор
віслюк
эшак
вівця
қўй
ягня
қўзи

коза

эчки

корова

сигир

теля

бузоқ

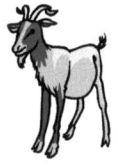

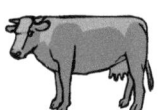

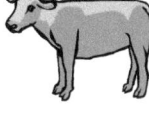

свиня

чўчқа

порося

чўчқа боласи

бик

буқа

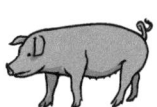

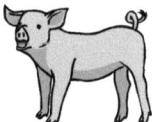

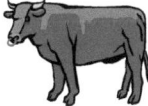

гусак

ғоз

качка

ўрдак

курча

жўжа

курка

товуқ

півень

хўроз

щур

каламуш

кіт

мушук

миша

сичқон

віл

хўкиз

собака

ит

собача будка

каталак

садовий шланг

ховли боғ шланги

лійка

гулчелак

коса

белўроқ

плуг

темир омоч

серп

қўлўроқ

мотика

чопқи

вила

паншаха

сокира

болта

тачка

ғалтакарава

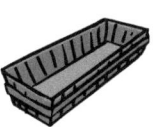

корито

охур

бідон молока

сут бидони

мішок

тўрва

паркан

панжара

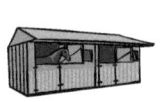

хлів

оғилхона

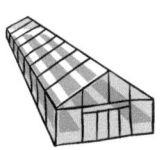

теплиця

иссиқхона

ґрунт

тупроқ

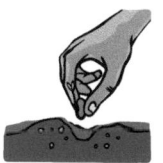

насіння

уруғ

добриво

ўғит

комбайн

комбайн

пожинати

ҳосил олмоқ

урожай

йиғим-терим

корінь ямсу

ямс

пшениця

буғдой

соя

соя

картопля

картошка

кукурудза

маккажўхори

ріпак

рапс уруғи

плодове дерево

мевали дарахт

маніок

маниок

злаки

ёрма

димохід
мӯри

дах
том

водостічний лоток
тарнов

вікно
дераза

гараж
гараж

дзвінок
эшик кӯнғироғи

двері
эшик

відро для сміття
урна

поштова скринька
хатлар учун кути

сад
боғ

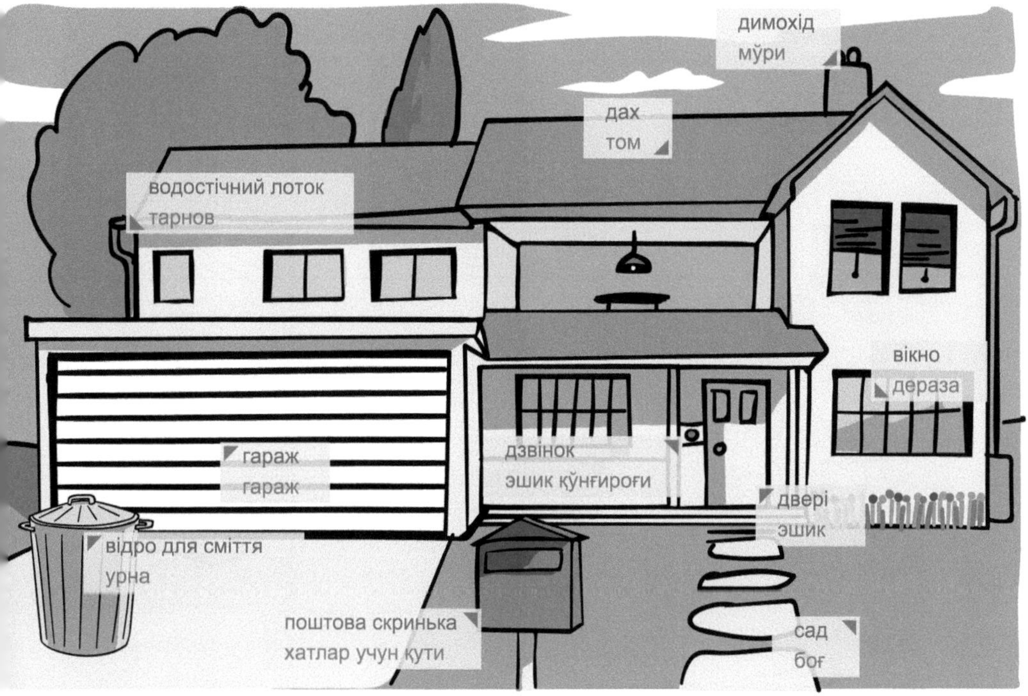

вітальня

мехмонхона

ванна кімната

ваннахона

кухня

ошхона

спальня

ётоқхона

дитяча кімната

болалар хонаси

їдальня

ошхона

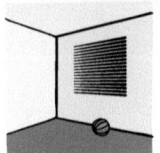

підлога

пол

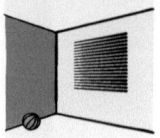

стіна

девор

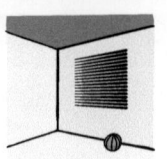

стеля

шип

підвал

подвал

сауна

сауна

балкон

болохона айвони

тераса

айвон

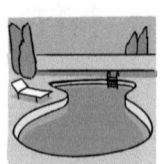

басейн

бассейн

косарка

ўт ўргич машина

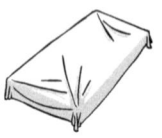

простирало

кўрпажилд

ковдра

чойшаб

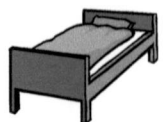

ліжко

кроват

мітла

супурги

відро

пақир

перемикач

мурват

вітальня

меҳмонхона

шпалери
гулқоғоз
малюнок
сурат
лампа
чироқ
поличка
токча
шафа
жавон
телевізор
телевизор
камін
ўчоқ
квітка
гул
подушка
ёстиқ
диван
диван
ваза
гулдон
пульт
масофадан бошқариш пульти

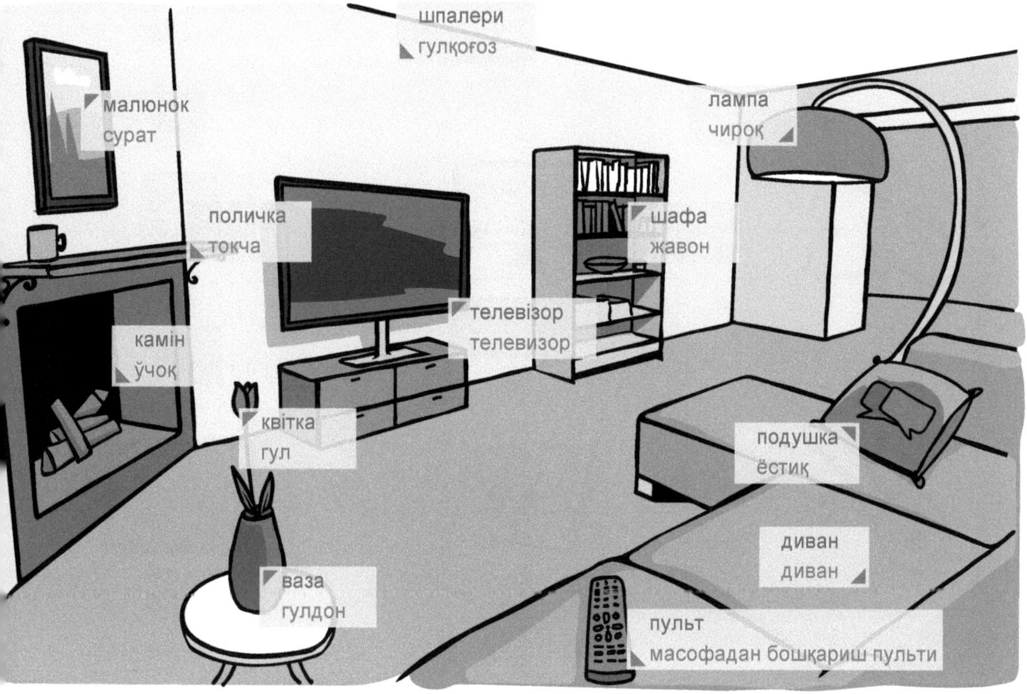

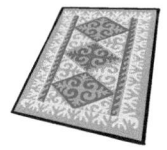

килим

гилам

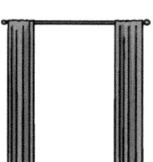

завіса

парда

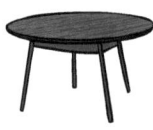

стіл

стол

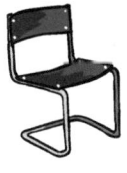

стілець

стул

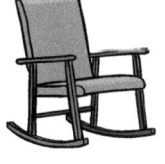

крісло-гойдалка

тебранма курси

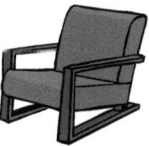

крісло

кресло

книга

китоб

ковдра

кўрпа

прикраса

ҳашам

дрова

ўтин

фільм

кино

стереосистема

стерео қурилма

ключ

калит

газета

рўзнома

картина

расм

плакат

плакат

радіо

радио

блокнот

ён дафтар

пилосос

чанг ютгич

кактус

кактус

свічка

шам

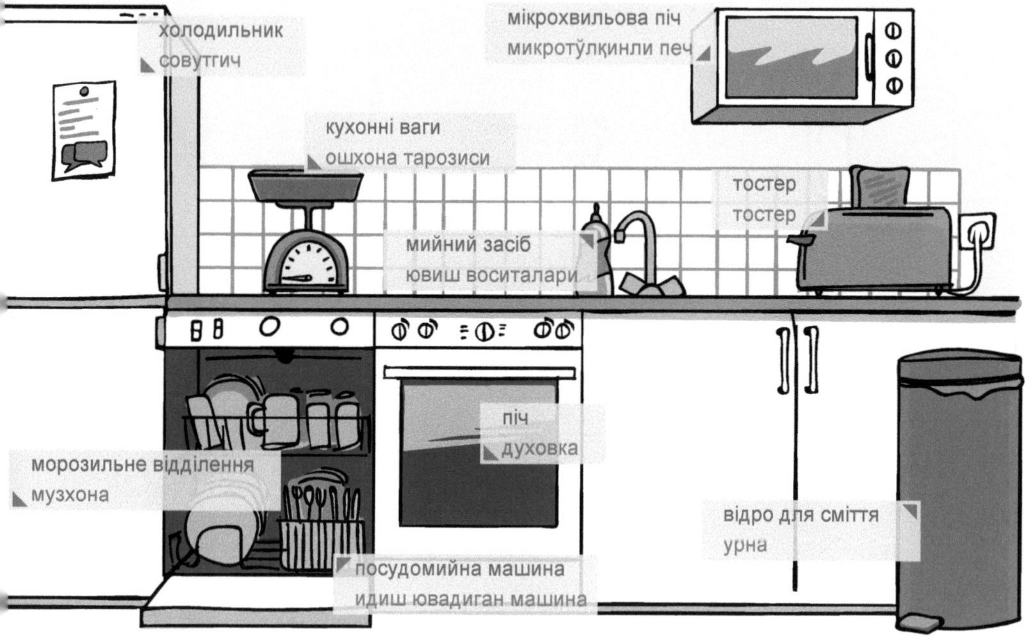

холодильник
▶ совутгич

мікрохвильова піч
◀ микротўлқинли печ

кухонні ваги
▶ ошхона тарозиси

тостер
тостер

мийний засіб
▶ ювиш воситалари

морозильне відділення
▶ музхона

піч
▶ духовка

відро для сміття
урна

посудомийна машина
◀ идиш ювадиган машина

плита
....
плита

горщик
....
кастрюль

чавунний горщик
....
чўян қозон

вок / кадай
....
бўртма тубли това

сковорода
....
това

чайник
....
човгун

пароварка

мантиқасқон

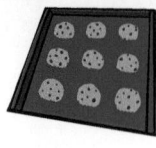

лист

тунука това

посуд

идиш

кухоль

кружка

чаша

коса

палички для їжі

таом ейиш таёқчалари

черпак

чўмич

лопатка

куракча

вінчик для збивання

кўпиртиргич

сито

элак

сито

элак

терка

қирғич

ступка

ҳовонча

барбекю

гриль

багаття

олов

дошка
оштахта

качалка
жува

штопор
пармасимон тиқин очгич

конзерва
консерва

відкривачка
консерва очгич

прихватки
тутгич

раковина
унитаз

щітка
идиш чўтка

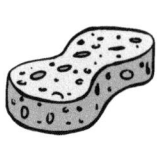

губка
қозонсочиқ

міксер
қориштиргич

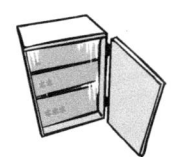

морозильна камера
музлатгич

дитяча пляшка
сўрғичли чақалоқ
бутилкаси

кран
кран

ванна кімната

ваннахона

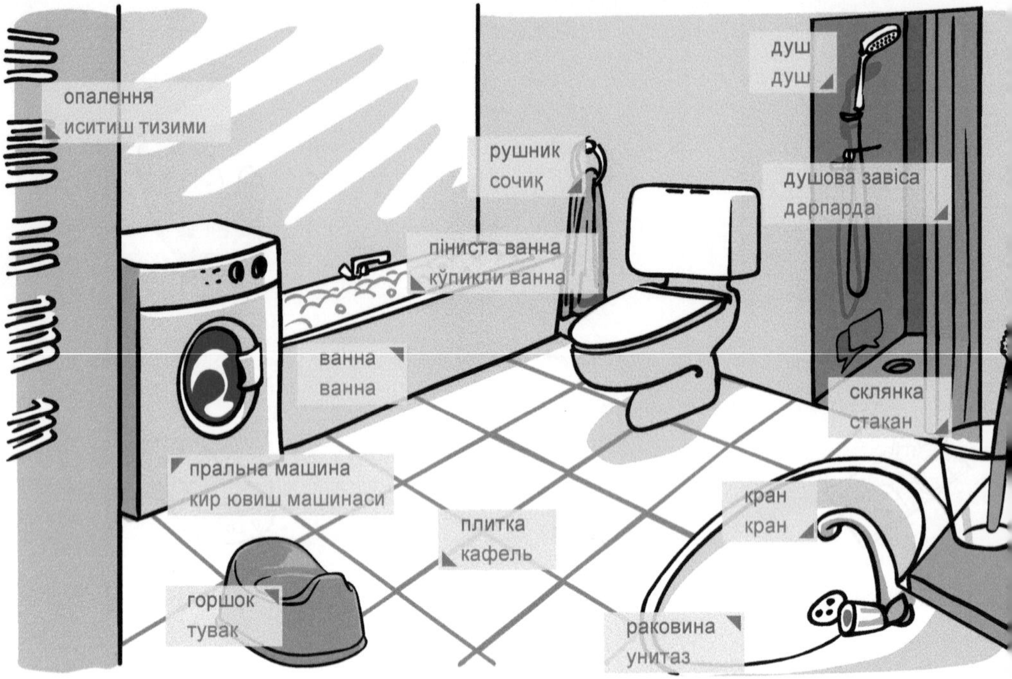

душ
душ
опалення
иситиш тизими
рушник
сочиқ
душова завіса
дарпарда
піниста ванна
кўпикли ванна
ванна
ванна
склянка
стакан
пральна машина
кир ювиш машинаси
кран
кран
плитка
кафель
горшок
тувак
раковина
унитаз

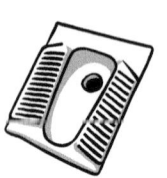

туалет

ҳожатхона

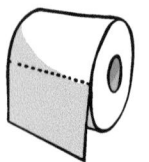

підлоговий туалет

полга ўрнатиладиган унитаз

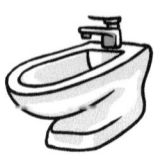

біде

таҳоратдон

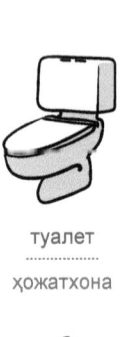

пісуар

сийдик унитази

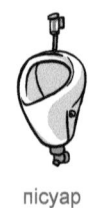

туалетний папір

ҳожатхона қоғози

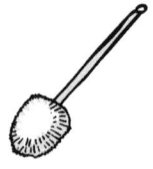

щітка для туалету

ҳожатхона чўткаси

зубна щітка

тиш чӯтка

зубна паста

тиш пастаси

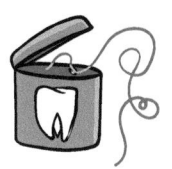

нитка для чищення зубів

тиш тозалагич ип

мити

ювмоқ

ручний душ

дастакли душ

інтимний душ

таҳорат учун душ

таз

тоғора

щітка для спини

елка қашлайдиган чӯтка

мило

совун

гель для душу

душ учун гель

шампунь

шампунь

мочалка

мочалка

водостік

қувур

крем

крем

дезодорант

дезодарант

дзеркало

кўзгу

косметичне дзеркало

қўл кўзгуси

бритва

устара

піна для гоління

устара учун кўпик

лосьйон після гоління

салқинлантирувчи бальзам

гребінь

тароқ

щітка

чўтка

фен

фен

лак для волосся

соч учун лак

косметика

пардоз-андоз

губна помада

лаб учун помада

лак для нігтів

тирноқ лаки

вата

пахта

ножиці для нігтів

тирноқ қайчиси

парфум

духи

косметичка

пардоз-андоз халтаси

табурет

курси

ваги

тарози

халат

чўмилиш халати

гумові рукавички

резина қўлқоп

тампон

тампон

гігієнічні прокладки

гигиеник таглик

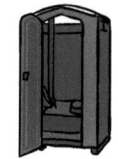

біотуалет

биохожатхона

дитяча кімната
болалар хонаси

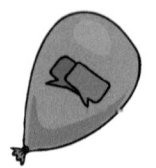

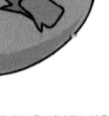

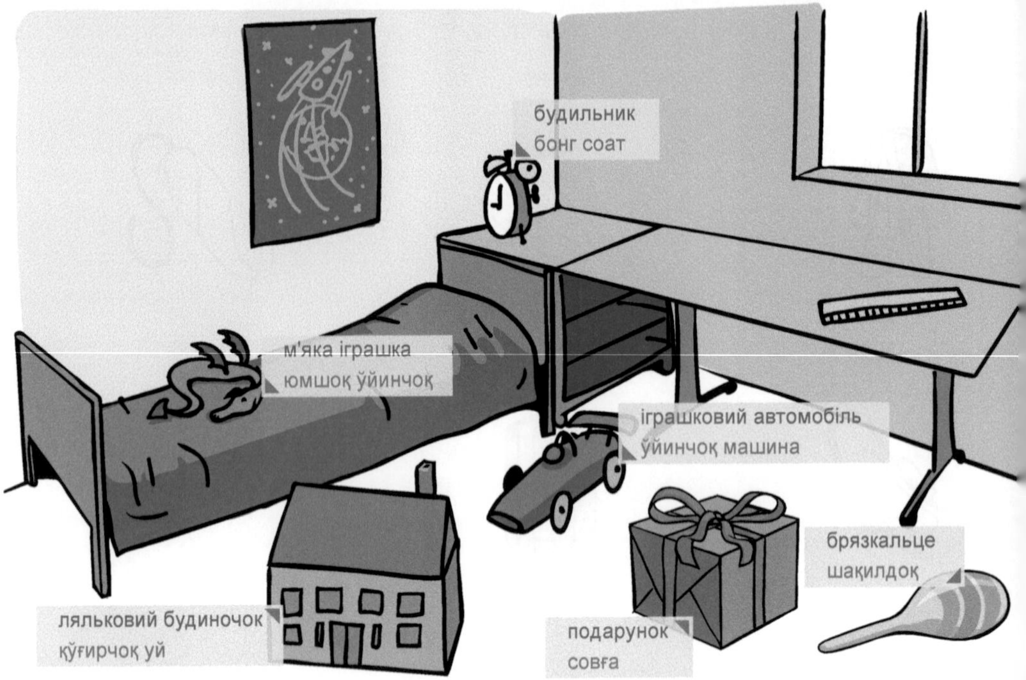
будильник
бонг соат
м'яка іграшка
юмшоқ ўйинчоқ
іграшковий автомобіль
ўйинчоқ машина
брязкальце
шақилдоқ
ляльковий будиночок
қўғирчоқ уй
подарунок
совға

повітряна кулька

шар

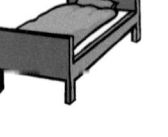

ліжко

кроват

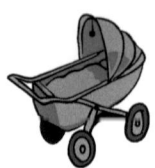

дитячий візок

болалар аравачаси

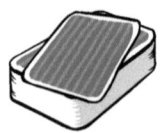

картярська гра

карта тўплами

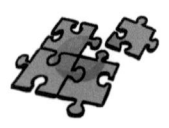

пазл

терма тасвир

комікс

кулгили саҳна асари

лего цеглинки

лего ғиштлари

блоки

ўйинчоқ кубиклар

іграшкова фігурка

ўйинчоқ қаҳрамон

повзунки

ползунка

фризбі

учар ликопча

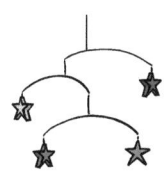

мобіле

осма шақилдоқ

настільна гра

стол ўйини

кубик

ошиқ

модель залізнична станція

поезд макети

соска

сўрғич

вечірка

ўтириш

книжка з картинками

расмли китоб

м'яч

копток

лялька

қўғирчоқ

грати

ўйнамоқ

пісочниця

қумдон

гойдалка

арғимчоқ

іграшка

ўйинчоқлар

гральна консоль

ўйин приставкаси

триколісний велосипед

уч ғилдиракли велосипед

плюшевий мішка

бахмал айиқ

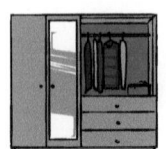

шафа

кийим шкафи

шкарпетки

пайпоқ

панчохи

чулки

колготки

колготка

шарф
шарф

парасоля
соябон

футболка
футболка

ремінь
камар

чоботи
ботинка

домашнє взуття
тапочка

кросівки
кроссовка

сандалі
....
шиппак

взуття
....
туфли

гумові чоботи
....
резина этик

труси
....
тор турсик

бюстгальтер
....
кўкракпеч

нижня сорочка
....
майка

боді

боди

штани

иштон

джинси

жинси

спідниця

юбка

блузка

кофта

сорочка

кўйлак

пуловер

жемпер

светр

узун чакмон

піджак

спорт бичимидаги пиджак

куртка

куртка

пальто

пальто

дощовик

плаш

костюм

либос

сукня

кўйлак

весільна сукня

келин кўйлак

костюм

костюм шим

нічна сорочка

тунги кўйлак

піжама

пижама

сарі

сари

головна хустка

шолрўмол

чалма

салла

бурка

паранжи

кафтан

чакмон

абая

абая

купальник

чўмилиш костюми

плавки

турсик

шорти

шортик

тренувальний костюм

спорт костюми

фартух

фартук

рукавички

кўлқоп

гудзик

тугма

окуляри

кўзойнак

браслет

билагузук

ланцюг

мунчоқ

кільце

узук

сережка

сирға

шапка

кепка

плічка

пальто илгак

капелюх

шляпа

краватка

бўйинбоғ

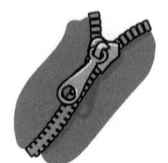

застібка-блискавка

замок

шолом

дубулға

підтяжки

шим тортгич

шкільна форма

мактаб формаси

уніформа

форма

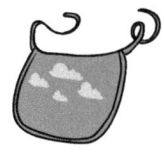

нагрудник

ошхўрак

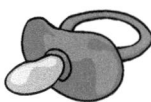

соска

сўрғич

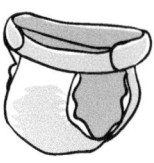

підгузок

таглик

офіс

идора

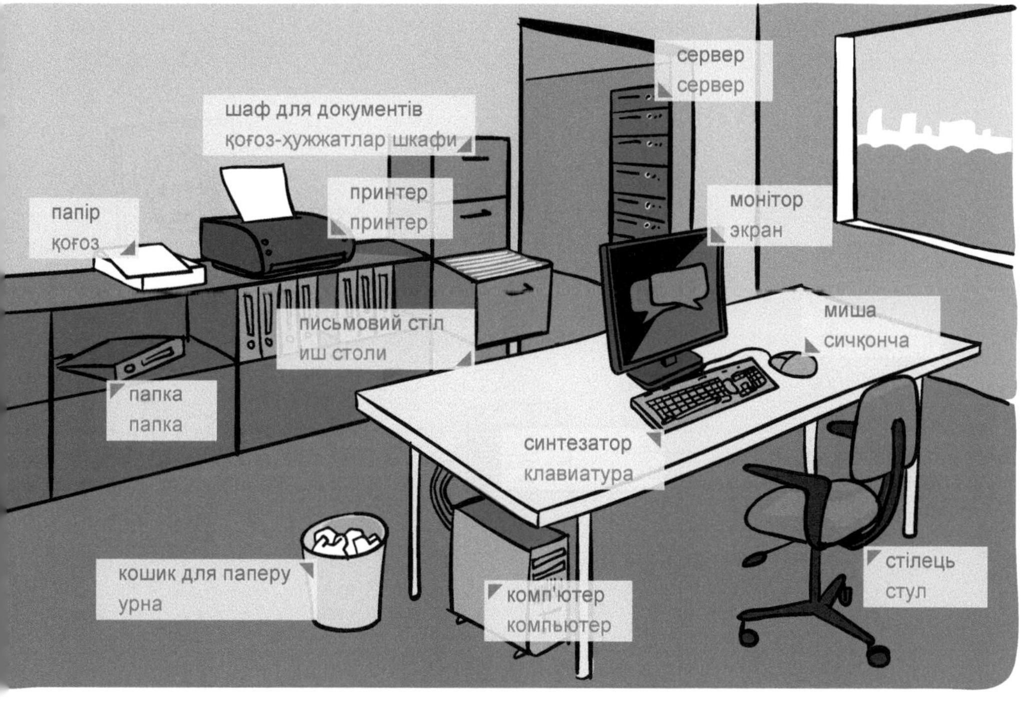
сервер
сервер
шаф для документів
қоғоз-ҳужжатлар шкафи
принтер
принтер
папір
қоғоз
монітор
экран
письмовий стіл
иш столи
миша
сичқонча
папка
папка
синтезатор
клавиатура
кошик для паперу
урна
стілець
стул
комп'ютер
компьютер

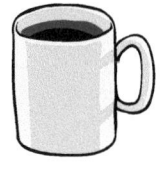

кавовий кухоль

кофе кружкаси

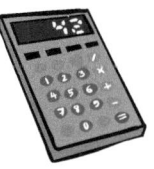

калькулятор

калькулятор

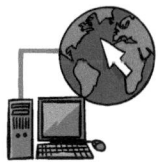

інтернет

интернет

ноутбук

ноутбук

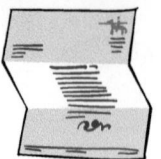

лист

хат

повідомлення

мактуб

мобільний телефон

уяли телефон

мережа

тармоқ

копіювальний пристрій

нусха кўчиргич

програмне забезпечення

дастур

телефон

телефон

розетка

розетка

факс

факс

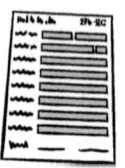

бланк

шакллар

документ

хужжат

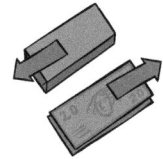

купувати

харид қилмоқ

платити

тўламоқ

торгувати

савдолашмоқ

гроші

пул

USD

долар

доллар

EUR

євро

евро

JPY

ієна

йен

RUB

рубль

рубль

CHF

франк

швейцар франки

CNY

юанів женьміньбі

Кэньминьби хитой юани

INR

рупія

рупи

банкомат

банкомат

обмінний пункт

пул айирбошлаш шаҳобчаси

золото

олтин

срібло

кумуш

нафта

нефт

енергія

энергия

ціна

нарх

контракт

шартнома

податок

солиқ

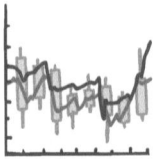

акція

акция

працювати

ишламоқ

працівник

ишчи

роботодавець

иш берувчи

фабрика

завод

магазин

дўкон

економіка - иқтисод

професії

касблар

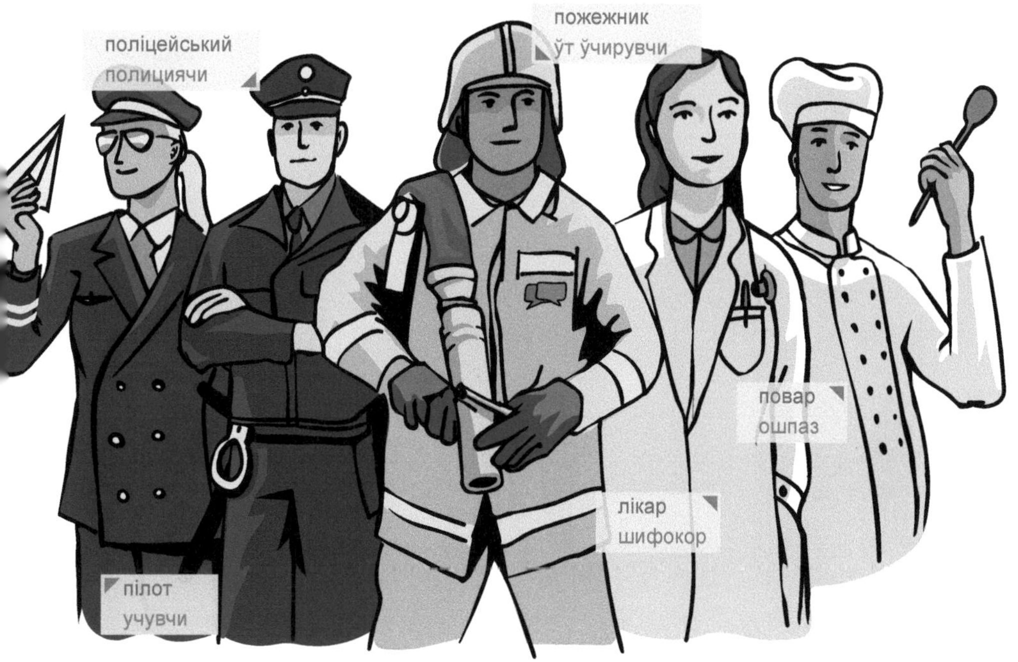
пожежник
ўт ўчирувчи
поліцейський
полициячи
повар
ошпаз
лікар
шифокор
пілот
учувчи

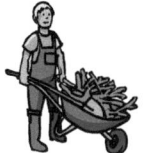

садівник

боғбон

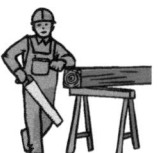

столяр

дурадгор

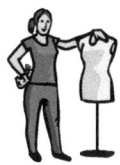

швачка

тикувчи

суддя

ҳакам

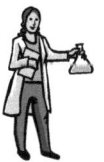

хімік

кимёгар

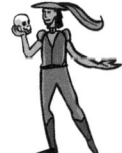

актор

актёр

водій автобуса

автобус ҳайдовчиси

таксист

такси ҳайдовчи

рибалка

балиқчи

прибиральниця

фаррош

покрівельник

том устаси

офіціант

официант

мисливець

овчи

художник

бўёқчи

пекар

нонвой

електрик

электр устаси

будівельник

қурувчи

інженер

муҳандис

забійник

қассоб

бляхар

сувчи чилангар

листоноша

почтачи

солдат

аскар

архітектор

меъмор

касир

ғазначи

флорист

гулчи

перукар

сарторош

кондуктор

чиптачи

механік

механик

капітан

капитан

дантист

тиш шифокори

вчений

олим

рабин

яхудийлар руҳонийси

імам

имом

монах

роҳиб

пастор

руҳоний

інструменти
асбоблар

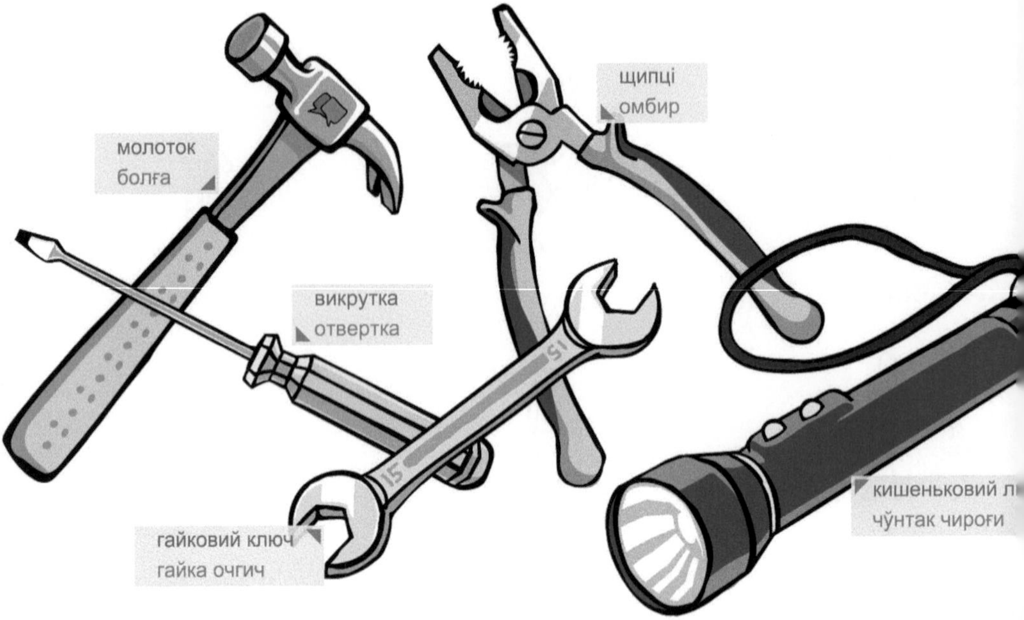
щипці
омбир
молоток
болға
викрутка
отвертка
гайковий ключ
гайка очгич
кишеньковий л
чўнтак чироғи

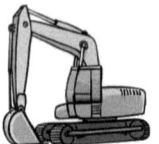

екскаватор

экскаватор

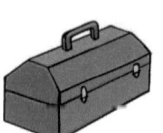

ящик для інструментів

асбоблар қутиси

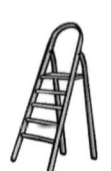

драбина

нарвон

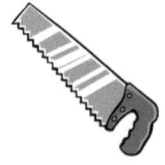

пилка

қўларра

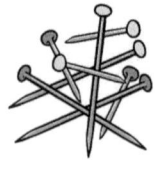

цвяхи

мих

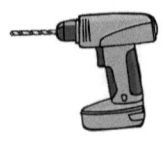

свердло

пармадаста

ремонтувати
тузатмоқ

лопата
белкурак

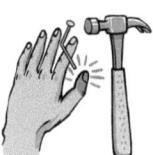

лайно!
Жин урсин!

совок
хокандоз

відро з фарбою
бўёқ идиш

гвинти
бурама мих

музичні інструменти
мусиқа асбоблари

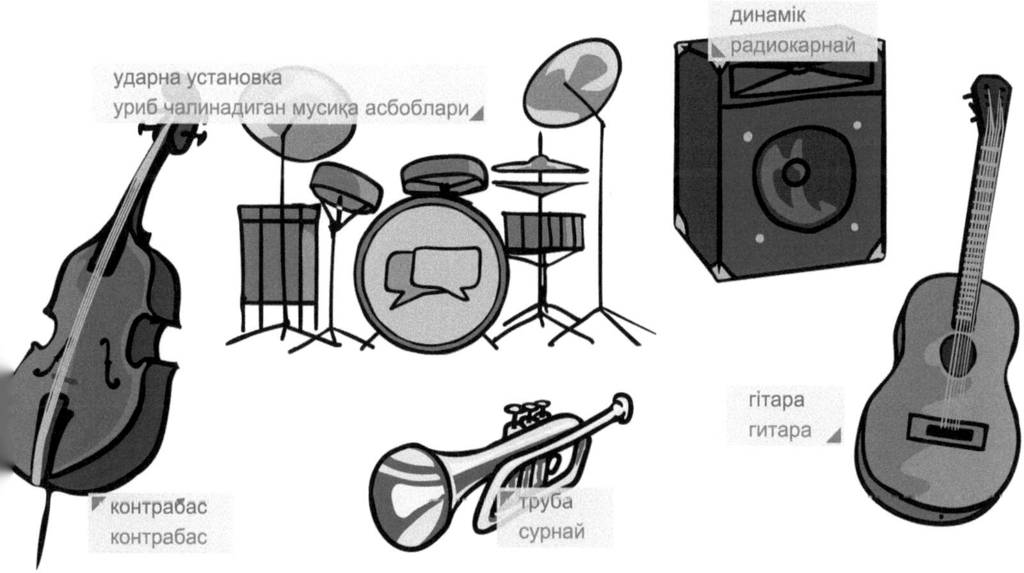

ударна установка
уриб чалинадиган мусиқа асбоблари

динамік
радиокарнай

гітара
гитара

контрабас
контрабас

труба
сурнай

фортепіано

пианино

скрипка

ғижжак

бас

бас-гитара

литаври

қўшноғора

барабан

дўмбира

клавіатура

клавиатура

саксофон

саксофон

флейта

най

мікрофон

микрофон

зоопарк

ҳайвонот боғи

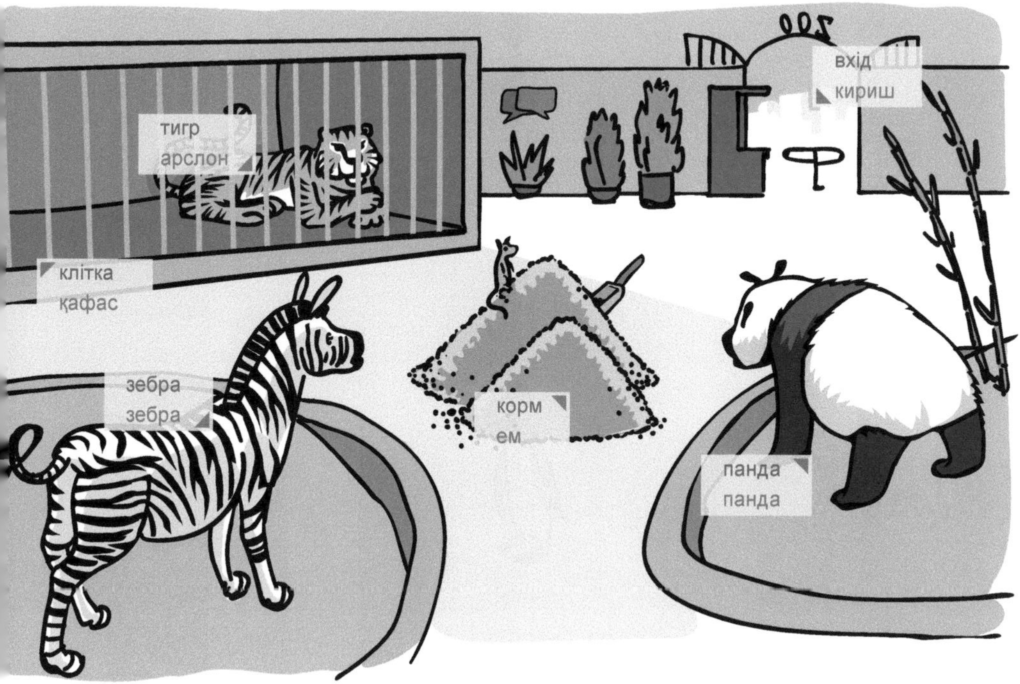

вхід
кириш
тигр
арслон
клітка
қафас
зебра
зебра
корм
ем
панда
панда

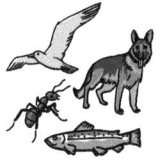

тварини

ҳайвонлар

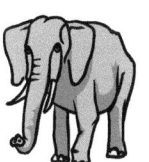

слон

фил

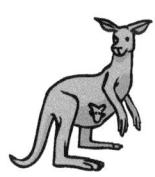

кенгуру

кенгуру

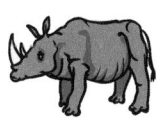

носоріг

каркидон

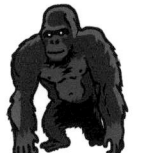

горила

горилла

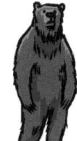

ведмідь

айиқ

верблюд

туя

страус

туяқуш

лев

шер

мавпа

маймун

фламінго

фламинго

папуга

тўти

білий ведмідь

оқ айиқ

пінгвін

пингвин

акула

акула

павич

товус

змія

илон

крокодил

тимсоҳ

працівник зоопарку

ҳайвонот боғи қоровули

тюлень

тюлень

ягуар

ягуар

поні

тўпичоқ от

леопард

қоплон

гіпопотам

бегемот

жираф

жирафа

орел

бургут

кабан

эркак чўчқа

риба

балиқ

черепаха

тошбақа

морж

морж

лисиця

тулки

газель

оху

американський футбол
америка футболи

їзда на велосипеді
велосипед ҳайдаш

теніс
теннис

баскетбол
баскетбол

плавання
сузиш

бокс
бокс

хокей
муз хоккейи

футбол
футбол

бадмінтон
бадминтон

легка атлетика
енгил атлетика

гандбол
қўлтўпи

лижні перегони
чанғи учиш

поло
поло

дії

машғулот

сміятися
кулмоқ
стрибати
сакрамоқ
обіймати
қучмоқ
йти
юрмоқ
співати
куйламоқ
мріяти
ҳаёл қилмоқ
молитися
ибодат қилмоқ
цілувати
ўпмоқ

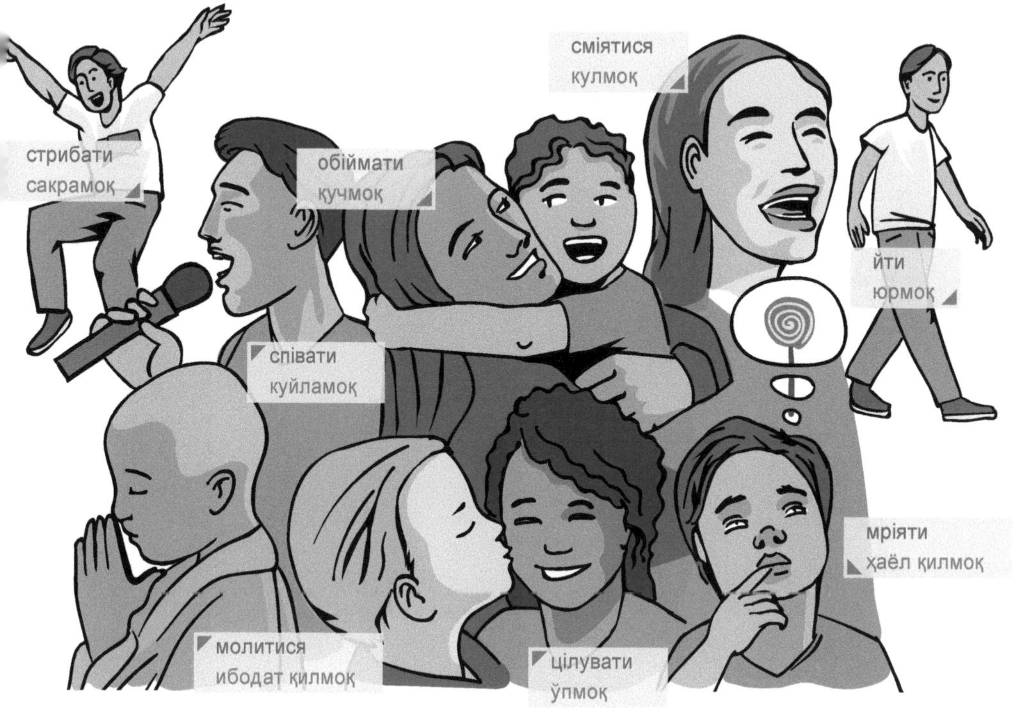

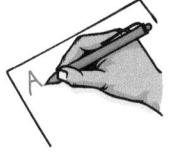

писати
ёзмоқ

малювати
чизмоқ

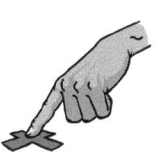

показувати
кўрсатмоқ

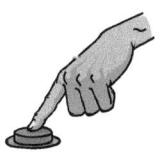

тиснути
итармоқ

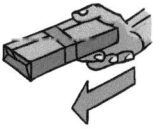

давати
бермоқ

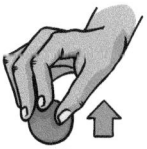

брати
олмоқ

мати

эга бўлмоқ

робити

бажармоқ

бути

бўлмоқ

стояти

турмоқ

бігати

югурмоқ

тягнути

тортмоқ

кидати

улоқтирмоқ

падати

йиқилмоқ

лежати

алдамоқ

очікувати

кутмоқ

носити

ташимоқ

сидіти

ўтирмоқ

одягати

кийинмоқ

спати

ухламоқ

просипатися

уйғонмоқ

дивитися

қарамоқ

плакати

йиғламоқ

гладити

зарба бермоқ

розчісувати

тарамоқ

розмовляти

гаплашмоқ

розуміти

тушунмоқ

питати

сўрамоқ

слухати

тингламоқ

пити

ичмоқ

їсти

емоқ

прибирати

йиғиштирмоқ

любити

севмоқ

варити

пиширмоқ

їхати

ҳайдамоқ

літати

учмоқ

йти під вітрилом

кемада сузмоқ

рахувати

ҳисобламоқ

читати

ўқимоқ

вчитися

ўрганмоқ

працювати

ишламоқ

одружуватися

турмуш қурмоқ

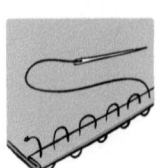

шити

тикмоқ

чистити зуби

тиш ювмоқ

убивати

ўлдирмоқ

курити

чекмоқ

посилати

йўлламоқ

сім'я

оила

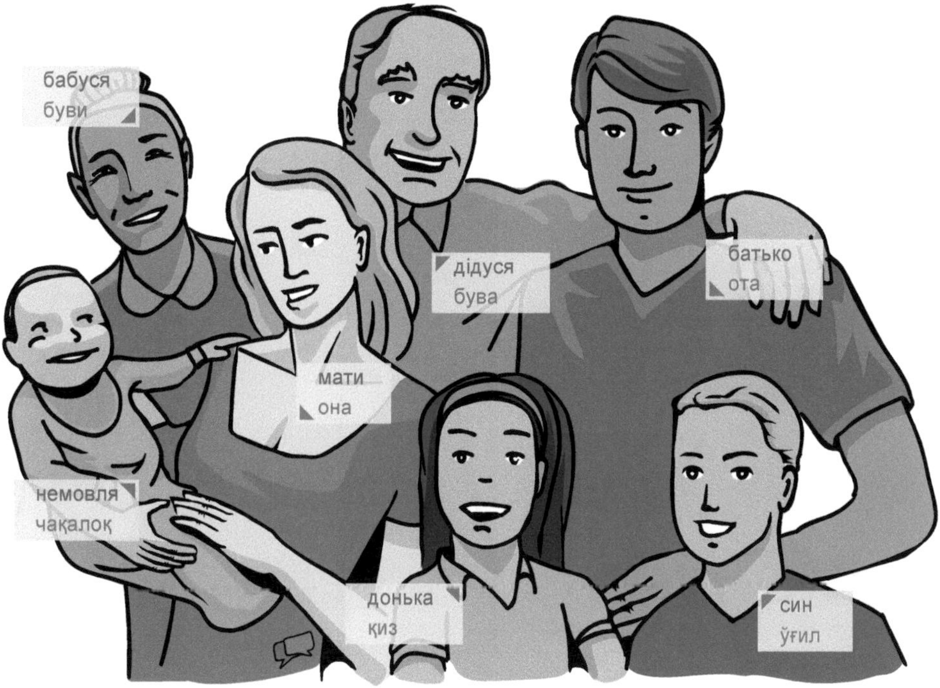
бабуся
буви
дідуся
бува
батько
ота
мати
она
немовля
чақалоқ
донька
қиз
син
ўғил

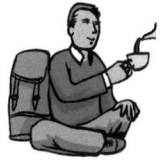

гість

меҳмон

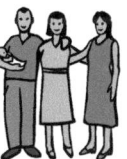

тітка

амма

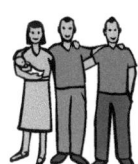

дядько

тоға

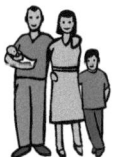

брат

ака

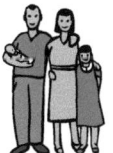

сестра

опа

тіло

тана

чоло
пешона
око
кўз
плече
елка
палець
бармоқ
обличчя
юз
підборіддя
ияк
кисть
қўл панжалари
нога
оёқ
груди
кўкрак
рука
қўл

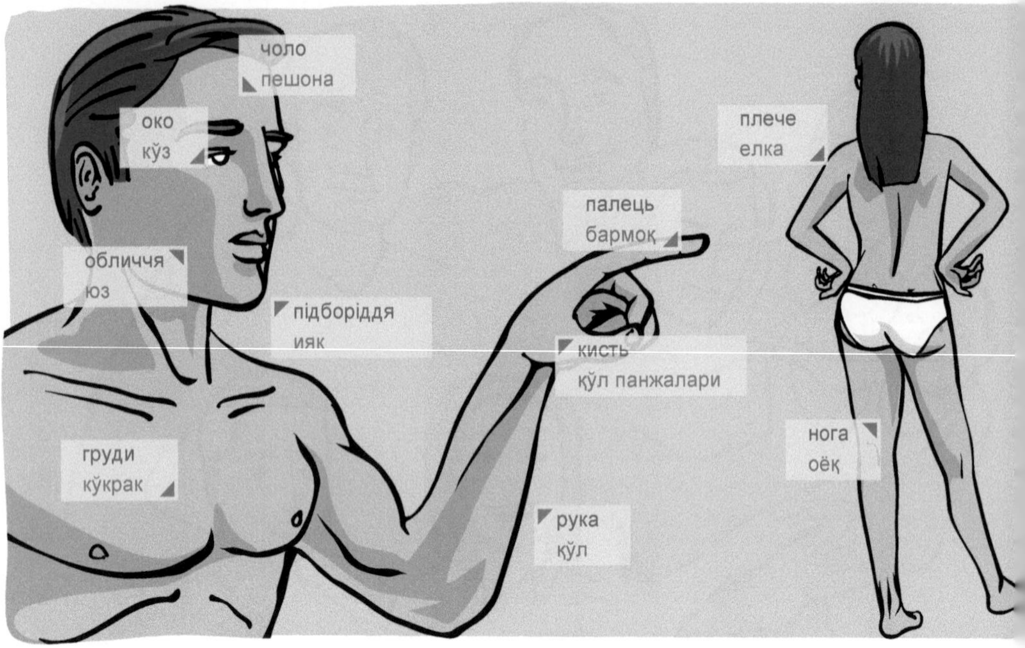

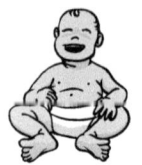

немовля

чақалоқ

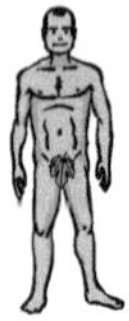

чоловік

одам

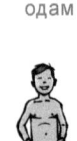

жінка

аёл

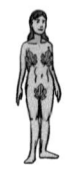

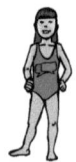

дівчина

қиз бола

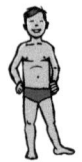

хлопчик

ўғил бола

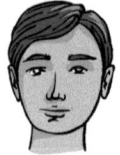

голова

бош

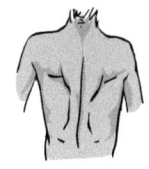

спина

орқа

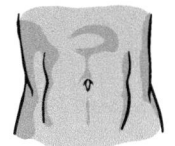

живіт

қорин

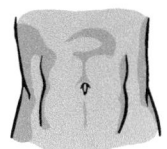

пуп

киндик

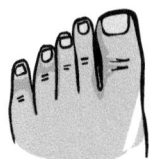

палець ноги

оёқ панжаси

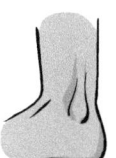

п'ята

товон

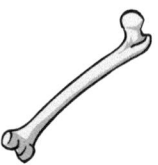

кістка

суяк

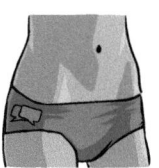

стегно

бел

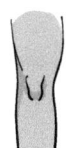

коліно

тизза

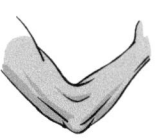

лікоть

тирсак

ніс

бурун

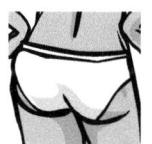

сідниці

думба

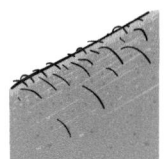

шкіра

тери

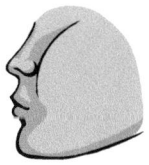

щока

яноқ

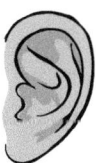

вухо

қулоқ

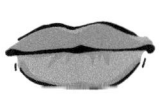

губа

лаб

рот
....
оғиз

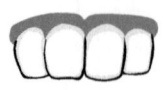

зуб
....
тиш

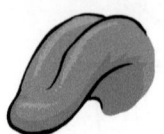

язик
....
тил

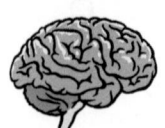

мозок
....
мия

серце
....
юрак

м'яз
....
мушак

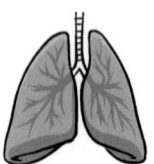

легені
....
ўпка

печінка
....
жигар

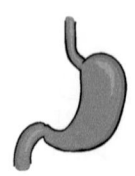

шлунок
....
ошқозон

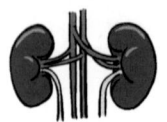

нирки
....
буйрак

статевий акт
....
жинсий алоқа

презерватив
....
презерватив

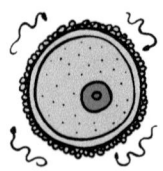

яйцеклітина
....
тухум ҳўжайра

сперма
....
уруғ

вагітність
....
ҳомиладорлик

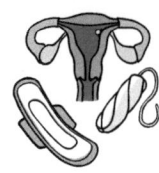

менструація
ҳайз

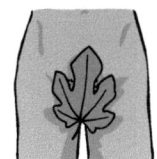

вагіна
бачадон

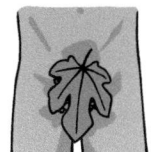

пеніс
олат

брова
қош

волосся
соч

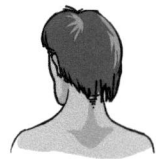

шия
бўйин

лікарня

шифохона

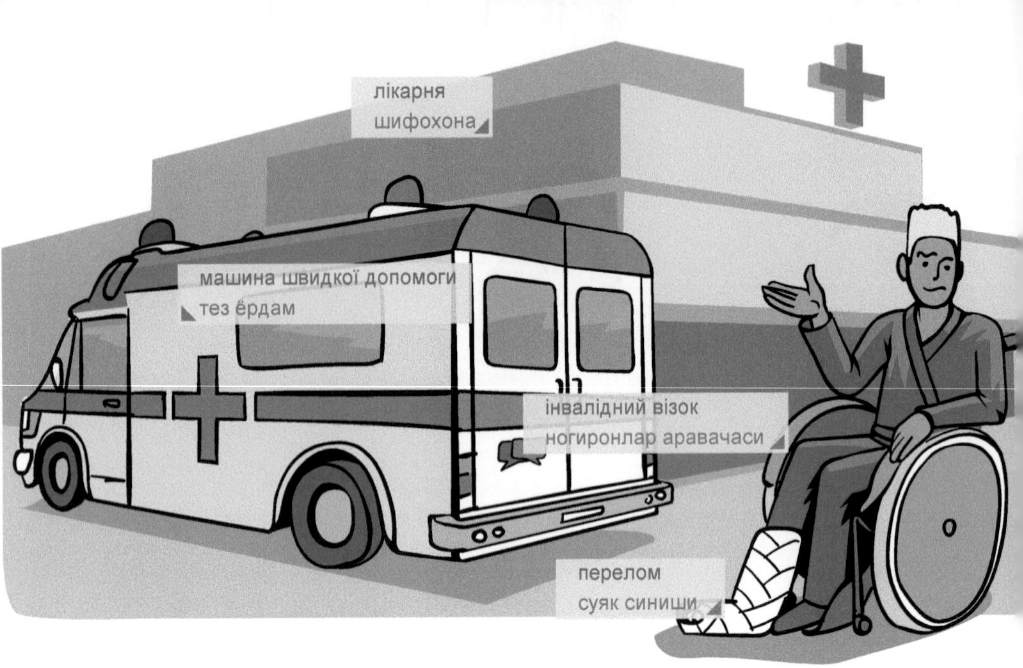

лікарня
шифохона

машина швидкої допомоги
тез ёрдам

інвалідний візок
ногиронлар аравачаси

перелом
суяк синиши

лікар

шифокор

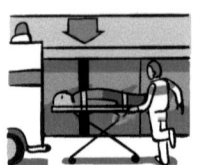

відділення швидкої
медичної допомоги

Шошилинч тиббий ёрдам
кўрсатиш бўлими

медсестра

ҳамшира

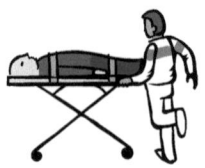

аварійний випадок

тез ёрдам

непритомний

ҳушсизлик

біль

оғриқ

травма
жароҳат

кровотеча
қонаш

інфаркт
юрак хуружи

інсульт
инсульт

алергія
аллергия

кашель
йўтал

лихоманка
иситма

грип
тумов

пронос
ич кетиш

головна біль
бош оғриғи

рак
саратон касали

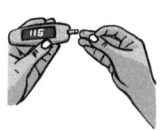

діабет
қандли диабет

хірург
жарроҳ

скальпель
жарроҳ пичоғи

операція
жарроҳлик амалиёти

КТ

томографія

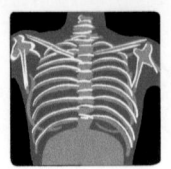

рентген

рентген

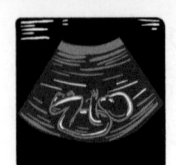

ультразвук

ултратовуш текшируви

маска

юз ниқоби

хвороба

касаллик

зал очікування

қабулхона

милиця

қўлтиқтаёқ

пластир

малҳамли пластир

пов'язка

бинт

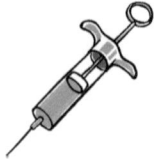

ін'єкція

укол

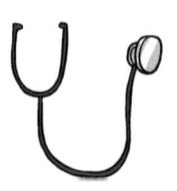

стетоскоп

юрак урушини ва ўпкани
эшитиб кўрадиган асбоб

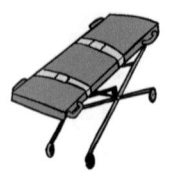

ноші

беморлар учун замбил

термометр

термометр

народження

туғруқ

надмірна вага

семизлик

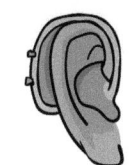

слуховий апарат

эшитиш мосламаси

дезінфікуючий засіб

дезинфекцияловчи восита

інфекція

инфекция

вірус

вирус

ВІЛ / СНІД

ОИВ / ОИТС

медицина

дори

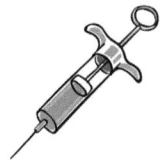

вакцинація

эмлаш

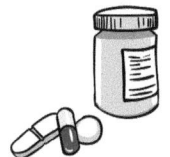

таблетки

таблетка

протизаплідна пігулка

дори

екстрений виклик

тез ёрдам қўнғироғи

тонометр

қон босимини ўлчаш асбоби

хворий / здоровий

касал / соғлом

Допоможіть!	сигнал тривоги	напад
Ёрдам берінглар!	хавф-хатар ишораси	тажовуз

атака
хужум

небезпека
хавф

аварійний вихід
фавкулодда холатларда чикиш эшиги

Вогонь!
Ёнғин!

вогнегасник
ўт ўчиргич

аварія
фалокат

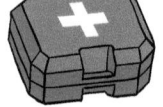

аптечка
биринчи тиббий ёрдам тўплами

СОС
фалокат сигнали

поліція
полиция

Європа

Европа

Північна Америка

Шимолий Америка

Південна Америка

Жанубий Америка

Африка

Африка

Азія

Осиё

Австралія

Австралия

Атлантика

Атлантик океани

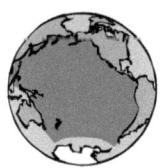

Тихий океан

Тинч океани

Індійський океан

Хинд океани

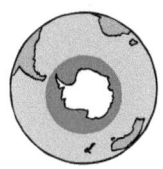

Антарктичний океан

Антарктида океани

Північний Льодовитий океан

Арктика океани

Північний полюс

Шимолий қутб

Південний полюс

Жанубий қутб

Антарктика

Антарктика

Земля

Ер

суша

ўлка

море

денгиз

острів

орол

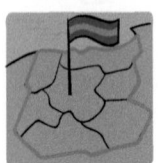

нація

миллат

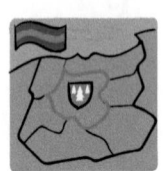

держава

давлат

циферблат

астрономик вақт
кўрсатгичи

годинникова стрілка

соат мили

хвилинна стрілка

дақиқа мили

секундна стрілка

сония мили

Котра година?

Соат неча?

день

кун

час

вақт

зараз

ҳозир

цифровий годинник

рақамли соат

хвилина

дақиқа

година

соат

хафта

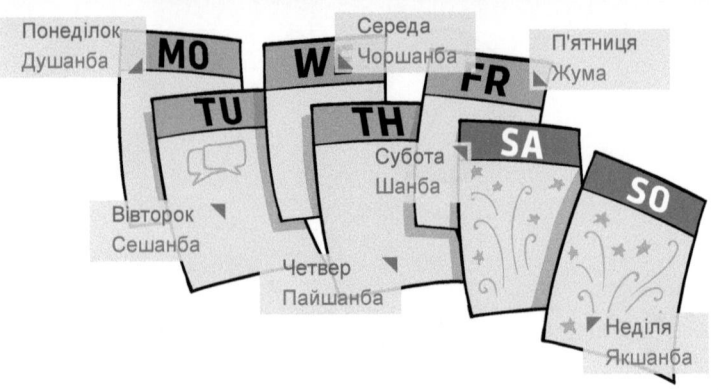

Понеділок
Душанба

MO

W

Середа
Чоршанба

FR

П'ятниця
Жума

TU

TH

SA

Вівторок
Сешанба

Субота
Шанба

SO

Четвер
Пайшанба

Неділя
Якшанба

вчора
....
кеча

сьогодні
....
бугун

завтра
....
эртага

ранок
....
эрталаб

опівдні
....
пешин

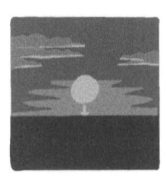

вечір
....
кечкурун

робочі дні
....
иш кунлари

кінець робочого тижня
....
дам олиш кунлари

рік
йил

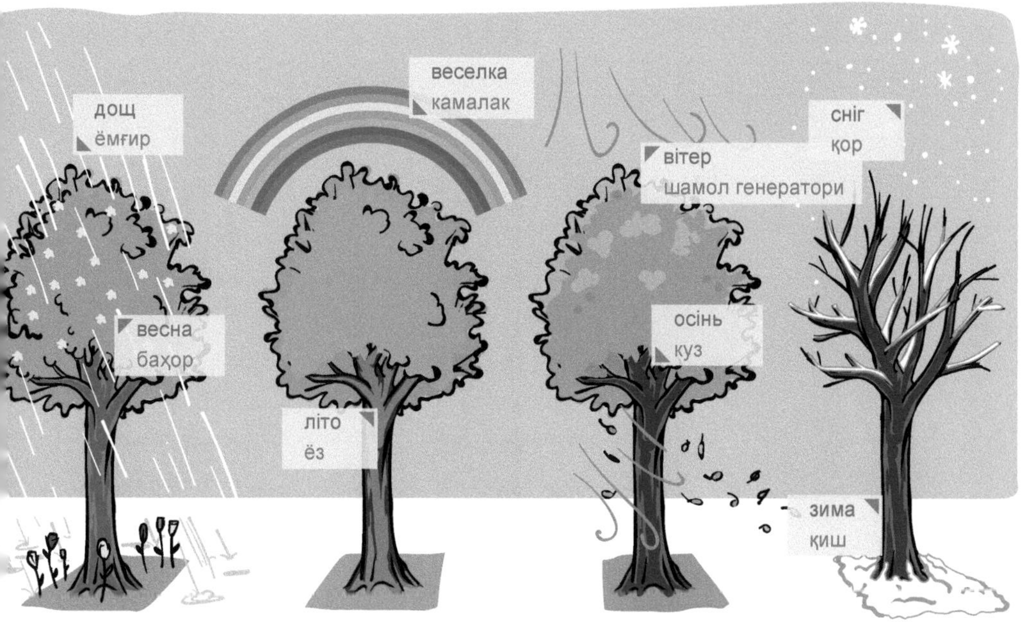

дощ
ёмғир
веселка
камалак
сніг
қор
вітер
шамол генератори
весна
баҳор
осінь
куз
літо
ёз
зима
қиш

4.APRIL 11°
5.APRIL 4°
6.APRIL 13°
7.APRIL 8°
8.APRIL 10°

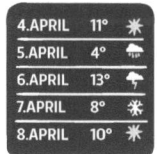

прогноз погоди

об-ҳаво маълумоти

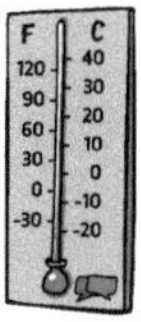

F
C
120
90
60
30
0
-30
40
30
20
10
0
-10
-20

термометр

термометр

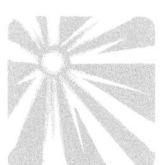

сонячне світло

қуёшли

хмара

булут

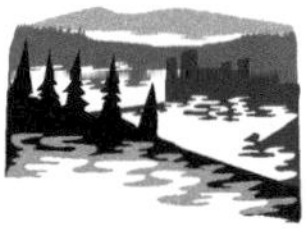

туман

туман

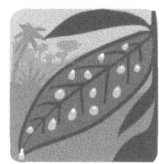

вологість повітря

намгарчилик

блискавка

чақмоқ

грім

момоқалдироқ

шторм

бўрон

град

дўл

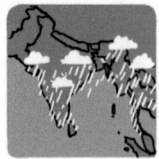

мусон

намгарчилик мавсуми

повінь

тошқин

лід

муз

Січень

Январь

Лютий

Февраль

Березень

Март

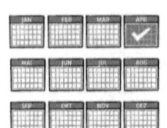

Квітень

Апрель

Травень

Май

Червень

Июнь

Липень

Июль

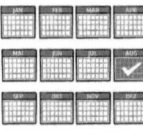

Серпень

Август

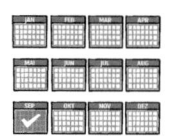

Вересень
....
Сентябрь

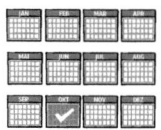

Жовтень
....
Октябрь

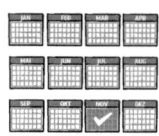

Листопад
....
Ноябрь

Грудень
....
Декабрь

форми
шакллар

круг
....
айлана

квадрат
....
квадрат

прямокутник
....
тўртбурчак

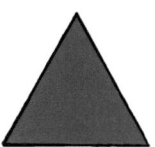

трикутник
....
учбурчак

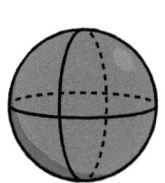

куля
....
доира

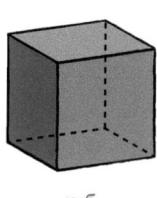

куб
....
куб

білий

ок

жовтий

сариқ

помаранчевий

сабзи ранг

рожевий

пушти

червоний

қизил

фіолетовий

тўқ қизил

синій

кўк

зелений

яшил

коричневий

жигар ранг

сірий

кул ранг

чорний

қора

багато / мало

кўп / оз

лютий / мирний

ғазабли / хотиржам

гарний / бридкий

гўзал / хунук

початок / кінець

боши / охири

великий / малий

катта / кичик

світлий / темний

ёруғ / қоронғу

брат / сестра

ака / сингил

чистий / брудний

тоза / ифлос

завершений / незавершений
тўлиқ / чала

день / ніч

кун / тун

мертвий / живий

ўлик / тирик

широкий / вузький

кенг / тор

їстівний / неїстівний

еса бўладиган / еса бўлмайдиган

злий / дружній

ёвуз / хайрли

збуджений / нудьгуючий

ҳаяжонли / зерикарли

товстий / тонкий

семиз / озғин

спочатку / востаннє

биринчи / охирги

друг / ворог

дўст / душман

повний / порожній

тўла / бўш

жорсткий / м'який

қаттиқ / юмшоқ

важкий / легкий

оғир / енгил

голод / спрага

очлик / чанқов

хворий / здоровий

касал / соғлом

незаконний / законний

ноқонуний / қонуний

розумний / дурний

зиёли / калтафаҳм

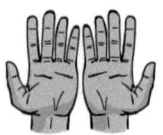

вліво / вправо

чап / ўнг

поруч / далеко

яқин / узоқ

новий / використаний

янги / ишлатилган

нічого / щось

ҳеч нарса / бир нарса

старий / молодий

қари / ёш

вкл / викл

ёниқ / ўчиқ

відкрито / закрито

очиқ / ёпиқ

тихо / гучно

паст / баланд

багатий / бідний

бой / камбағал

правильно / неправильно

тўғри / нотўғри

шорсткий / гладкий

нотекис / текис

сумний / щасливий

хафа / хурсанд

короткий / довгий

қисқа / узун

повільно / швидко

секин / тез

вологий / сухий

нам / қуруқ

гарячий / холодний

илиқ / салқин

війна / мир

уруш / тинчлик

0

нуль

ноль

1

один

бир

2

два

икки

3

три

уч

4

чотири

тўрт

5

п'ять

беш

6

шість

олти

7

сім

етти

8

вісім

саккиз

9

дев'ять

тўққиз

10

десять

ўн

11

одинадцять

ўн бир

12
дванадцять

ўн икки

13
тринадцять

ўн уч

14
чотирнадцять

ўн тўрт

15
п'ятнадцять

ўн беш

16
шістнадцять

ўн олти

17
сімнадцять

ўн етти

18
вісімнадцять

ўн саккиз

19
дев'ятнадцять

ўн тўққиз

20
двадцять

йигирма

100
сто

юз

1.000
тисяча

минг

1.000.000
мільйон

миллион

англійська

Инглиз

американська англійська

Американача инглиз тили

китайська
високочиновницька

Хитой тилининг Мандарин
лаҳчаси

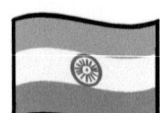

хінді

Ҳинд

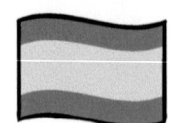

іспанська

Испан

французька

Француз

арабська

Араб

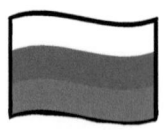

російська

Рус

португальська

Португал

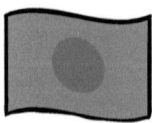

бенгальська

Бенгал

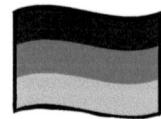

німецька

Немис

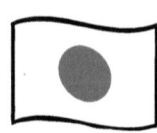

японська

Япон

я

Мен

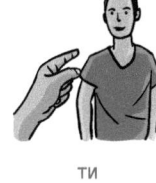

ти

Сен

вiн / вона / воно

у / у / у

ми

биз

ви

сизлар

вони

улар

хто?

ким?

що?

нима?

як?

қандай?

де?

қаерда?

коли?

қачон?

iм'я

исм

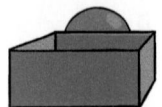

ззаду

орқада

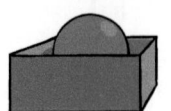

в

ичида

перед

олдида

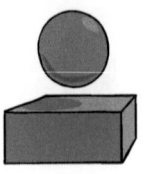

над

узра

на

устида

під

тагида

біля

ёнида

між

ўртасида

місце

жой